Ein schlauer
Fuchs macht
Judo !!!

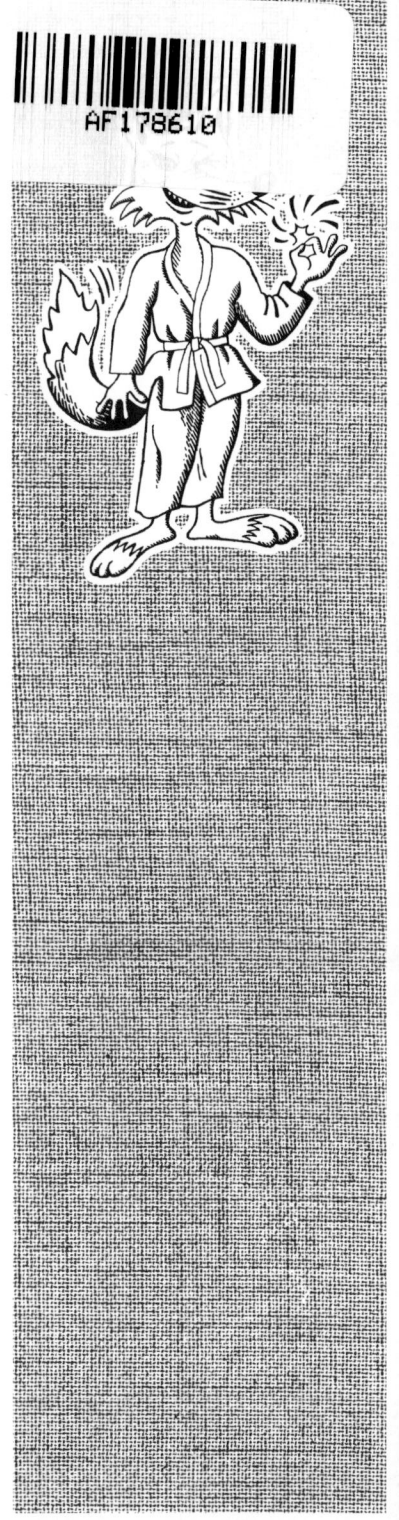

Fachbücher für JUDO • BAND XIV

Kinder-Judo

Das fröhliche Lehrbuch für Jungen und Mädchen

von Sportpädagoge

Prof. Dr. Reinhard Ketelhut

mit 67 Zeichnungen von

Jörg Gutt

und 5 Fotografien

22. Auflage

2024

VERLAG WEINMANN — BERLIN

Bibliografische Information der Deutschen Bibliothek
Die Deutsche Bibliothek verzeichnet diese Publikation in der Deutschen Nationalbibliografie; detaillierte bibliografische Daten sind im Internet über http://dnb.ddb.de abrufbar.

© 2015 by Verlag Weinmann – Berlin.

Repro: Faesser
Satz und Druck: Druckerei Conrad GmbH

Die Titelzeichnungen wurden von Dirk und Petra Buchwalder gemalt.
Katja, der Judo-Bär gehörte Joachim Gehrmann.

4

Dieses Buch gehört:

Name
_____

Ort   Straße   Telefon
_____

Judoverein
_____
Judoschule   Telefon

Gürtel: weiß

Gewicht (kg): _____

Erfolge: _____

_____

_____

_____

_____

Liebe Kinder, die Zeichnungen in diesem Buch sollt Ihr ausmalen. Sucht Eure Stifte zusammen und dann fangt an. Seht aber genau hin, welche Arme und Beine zu wem gehören – am besten malt Ihr die Zeichnungen erst dann aus, wenn Ihr die Übungen schon trainiert habt und auf der Matte vormachen könnt.

Inhaltsverzeichnis

Wo kann man einen Judogi kaufen? (25) Was kostet ein
Judogi? (25) Welche Größe muss es sein? (26) Wo gibt
es einen Judoverein oder eine Judoschule? (27) Wie oft
soll man in der Woche trainieren, damit man einmal ein
guter Judokämpfer wird? (28) Was muss ein Judoka
beachten, wenn er zum Judotraining geht? (28) Wie bindet man einen Judogürtel? (31)

Ankreuzen,
was Ihr schon
könnt

↓

☐

Liebe Kinder,

ich heiße Katja und bin ein Bärenmädchen. Ihr Kinder braucht gar nicht zu denken, dass Ihr die Einzigen seid, die gern ein bisschen miteinander raufen. Das machen wir Bären nämlich auch, und weil wir nicht zur Schule zu gehen brauchen und mehr Zeit haben, öfter als Ihr. Wohlgemerkt, wir raufen zum Spaß und tun uns dabei nicht weh.

Wir können prima „Morote-gari", das heißt, wir bücken uns und ziehen unserem „Gegner" die Beine weg, so dass er auf den Rücken fällt. Dann legen wir uns ganz schnell auf den Gegner und machen einen Festhalter (Mune-gatame), damit der andere nicht wieder aufstehen kann. Wir Bären sind sehr stark und schwer!

Wir freuen uns, dass wir gewonnen haben und lassen dann wieder los. Diese beiden „bärenstarken" Techniken brauchen wir im Gegensatz zu Euch Kindern nicht erst zu lernen, das können alle Bären.

Ich habe nicht nur mit anderen Bären, sondern auch schon oft mit meinem Herrchen gerauft – ohne zu kratzen oder zu beißen, versteht sich. Mein Herrchen ist Judokämpfer. Also bin ich mit ihm zu seinem Verein, dem KSV-Spandau, zum Judotraining gegangen. Die Kinder dort hatten alle Judoanzüge an. So etwas brauchen wir Bären nicht – wir fassen nämlich beim Raufen in unseren zottigen Pelz, und das tut auch gar nicht weh.

Ich habe beim Judotraining mitgemacht und mit meinem Herrchen „gekämpft" – das macht Spaß. Zuerst hat mich mein Herrchen immer mit einem Fußfeger geworfen: Da habe ich gestaunt. Aber dann habe ich aufgepasst und gelernt, mein Bein wegzuziehen, und jetzt ist es gar nicht mehr so einfach, mich zu werfen.

Ich binde Euch keinen Bären auf:

Judo ist wirklich eine feine Sache!

Liebe Eltern,

Sie können Ihrem Kind dabei helfen, dass es beim Judo Freude und Erfolg findet. Judo ist ein Kampfsport nach wohlüberlegten, festen Regeln. Beim Judo können die Kinder balgen und Aggressionen harmlos abreagieren, ohne dass bei dieser Form einer sportlichen Betätigung jemand verletzt oder Schaden angerichtet wird.

Judo ist eine olympische Sportart und wird in fast allen Ländern der Erde betrieben. Dem Kinderjudo werden von Ärzten und Pädagogen besondere Werte zuerkannt. Die Kinder erhalten eine vielseitige motorische Ausbildung, ohne einseitig überfordert zu werden. Motorische Grundeigenschaften wie Gewandtheit, Schnelligkeit, Kraft, Beweglichkeit und Ausdauer werden verbessert. Die Kinder lernen in der Gruppe ein positives Sozialverhalten. Die Fairness steht im Vordergrund. Prügeln findet nicht statt.

Judo macht Spaß!

Es gibt Erfolgserlebnisse, aber der Schüler lernt ebenso seine Grenzen kennen und mit Niederlagen „fertigzuwerden". Auch durch Misserfolge, zum Beispiel im Vergleich mit geübteren Judokämpfern, kann ein Lernfortschritt erzielt und Ehrgeiz geweckt werden. Sollte Ihr Kind einmal einen Wettkampf verlieren, tadeln Sie es nicht. Seien Sie nicht ehrgeiziger als Ihr „Sprössling". Zeigen Sie Verständnis und geben Sie Trost und neue Motivation. Beim nächsten Mal geht es vielleicht besser. Auch „kleine Meister" fallen nicht vom Himmel.

Dieses Buch ist ein Judobuch für Kinder. Einige Judotechniken findet man in Judolehrbüchern für Erwachsene in anderen Varianten, die auch richtig sind. Die in diesem

Buch gezeigten Ausführungen sind für Kinder leichter erlernbar, da sie sich zum Teil an den Kindern bekannten und gewohnten Bewegungen orientieren. Auf allzu detaillierte Beschreibungen der Techniken wurde verzichtet, da die Kinder aus diesem Buch selbst lernen sollen und zu viele Informationen auf einmal nur verwirren. Jedes einzelne Kind soll die Feinheiten der Techniken individuell gestalten und seine eigene Variation durch Übung, Erfahrung (Rückkopplung) und Fehlerkorrektur finden.

Das Wichtigste: Judo soll Spaß machen, und man muss regelmäßig zum Training gehen.

Bitte beachten Sie auch die Tipps auf den folgenden Seiten.

Hallo Freunde,

ich heiße Tori. Ich bin jetzt zehn Jahre alt und mache seit zwei Jahren Judo. Erst war ich der Kleinste und Schwächste in unserer Judogruppe. Alle anderen Kinder haben mich immer besiegt. Aber ich bin trotzdem weiter zum Judo gegangen und habe fleißig trainiert. Jetzt bin ich zwar immer noch der Kleinste, aber der Schwächste bin ich schon lange nicht mehr.

Zuerst habe ich auch gedacht, Judo ist nur etwas für Große und Starke, aber jetzt weiß ich:

Judo ist für alle da!

Für große, kleine, dicke, dünne, schwache und starke Jungen und Mädchen.

Meine Schwester macht auch Judo (mein Vater nennt sie deshalb manchmal „Judolinchen"), und wer gegen sie kämpft, muss sich ganz schön anstrengen.

Jigoro Kano

Ich werde Euch jetzt erst einmal erklären, was Judo eigentlich ist. Unser Trainer hat uns viel davon erzählt, und auch in anderen Judobüchern kann man darüber lesen. Ich erzähle Euch nun, was ich weiß: Judo wurde vor ungefähr 100 Jahren von einem Mann geschaffen, der Jigoro Kano hieß und in Japan wohnte. Er gründete eine Judoschule, in der seine Schüler den Judokampf nach von ihm erfundenen Kampfregeln lernten. Er zeigte seinen Schülern Fallübungen sowie Würfe und Griffe, mit denen auch kleinere oder körperlich schwächere Menschen einen großen, stärkeren Gegner besiegen können. Und das besonders Gute bei diesem Judokampf war, dass man alle Tricks und Würfe mit einem Partner oder einem Freund auf Strohmatten

Nanu, der kleine Wicht!

übte, so dass man weder ihn noch sich selbst dabei verletzte. Judo ist also ein Kampfsport, bei dem man sich ordentlich austoben kann, ohne dass dabei etwas Schlimmes passiert. Gewiss gibt es manchmal auch blaue Flecken, aber bestimmt nicht schlimmer als beim Fußball (weil man nämlich beim Judo keine Töppen anhat, sondern barfuß ist).

Aber ich wollte Euch ja erzählen, was man beim Judo so alles machen kann:

Als Erstes gibt es die **Judowürfe**. Man kann also seinen Gegner werfen. Da gibt es ganz tolle Würfe, bei denen der Gegner wie eine Rakete durch die Luft fliegt. Wenn Ihr jetzt

denkt, „das muss doch wehtun" oder „dabei kann man sich bestimmt verletzen", so irrt Ihr Euch; denn bevor man seinen Partner wirft oder selbst geworfen wird, lernen beide richtig zu fallen. Ihr lernt dabei, wie Ihr Eure Arme, Beine und den Kopf halten müsst, damit Euch nichts wehtun kann. Und damit das Fallen richtig Spaß macht, gibt es beim Judo eine große Matte, auf der man trainiert. Diese Matte ist natürlich weicher als der Fußboden und federt auch ein wenig, so dass nichts passieren kann.

Ihr habt bestimmt schon von der Judorolle gehört. Das ist eine Fallübung. Ich werde Euch später zeigen, wie man richtig fällt.

Dann gibt es beim Judo die **Haltegriffe.**

Wenn man nämlich seinen Partner umgeworfen hat oder selbst zu Boden gefallen ist, kämpft man auf der Matte weiter. Man versucht dabei, den Partner auf der Matte so geschickt „festzuhalten", dass er auch dann nicht mehr aufstehen kann, wenn er alle seine Kräfte anwendet. Er liegt, wenn man das richtig macht, wie „angenagelt". Wenn man dabei bis 25 zählt (das sind ungefähr 25 Sekunden) und der Gegner immer noch nicht aufstehen kann, hat man den Kampf gewonnen. Oft gibt der Partner aber schon vorher auf, weil er merkt, dass er doch nicht rauskommt.

Als Drittes haben wir noch die **Armhebel**.
Hierbei kann man die Arme seines Gegners so verbiegen, dass es, wenn man immer weiterbiegt, wehtut. Ihr müsst also bei Armhebeln ganz besonders vorsichtig sein, denn wenn man einen Arm zu stark verbiegt, könnte man den Partner verletzen. Sobald man merkt, dass dem anderen ein Armhebel gelungen ist, ruft man laut „Halt" oder klopft auf die Matte, bevor es wehtut. Der andere hört dann sofort auf und hat gewonnen.

Dann gibt es beim Judo noch die **Würgegriffe**. Das hört sich vielleicht schrecklich an, ist aber gar nicht so schlimm. Man **versucht** dabei nur den Gegner zu würgen, und sobald dieser dann merkt, dass man einen richtigen Würgegriff angesetzt hat, gibt er auf, indem er abklopft.

Das **Abklopfen** ist eine prima Erfindung beim Judo. Sobald beim Judokampf einem der beiden Kämpfer irgendetwas wehtut, klopft er mit seiner Hand zwei- bis dreimal auf die Matte oder aber gegen den Körper des Partners. Das Letzte ist sogar noch besser, da es beim Training manchmal sehr laut zugeht. Wenn man dann auf die Matte klopft, hört es der Partner vielleicht nicht. Sollte man nicht mehr mit den Armen klopfen können, so klopft man einfach mit den Füßen, oder man brüllt laut **„Halt"**. Das alles heißt: „Ich gebe auf." Natürlich hört man sofort auf zu kämpfen, sobald der Gegner abklopft oder „Halt", sagt, denn wir wollen ihn auf keinen Fall verletzen. Das Gleiche erwarten wir auch von allen anderen Judoka (so nennt man die Judokämpfer), damit uns nichts passiert. Ihr seht also, Judo ist ein besonders fairer Kampfsport.

Wenn Ihr Euch jetzt das Bild von meiner Schwester genau anseht, werdet Ihr Euch bestimmt wundern, was sie für einen komischen Schlafanzug anhat.

Dieser Schlafanzug heißt „Judogi" und ist ein Judoanzug. Er ist sehr praktisch. Man kann daran reißen und ziehen, ohne dass dabei etwas kaputt geht (und Eure Mutter schimpft nicht über zerrissene Sachen). Er ist nämlich aus sehr festem, dickem Stoff. Es gibt keine Knöpfe oder Reißverschlüsse, an denen man sich beim Kämpfen verletzen kann. Außerdem würden die sowieso nur abreißen oder kaputt gehen, und es gäbe dann bestimmt Krach zu Hause. Da man die Jacke nicht zuknöpfen kann, gibt es einen Gürtel, mit dem man sie zubindet. Wie man seine Judojacke mit dem Gürtel **richtig** zubindet, werde ich Euch noch zeigen. Aber erst noch einige Tipps zum Judoanzug.

Am besten kauft Ihr den Judogi zusammen mit Euren Eltern.

(1) Wo kann man einen Judogi kaufen?

In Eurer Judoschule oder in Eurem Verein, in Sportge-
schäften, in Kaufhäusern oder in Versandgeschäften.

(2) Was kostet ein Judogi?

Die Preise sind sehr unterschiedlich. Auch sind sie
abhängig von der Qualität. Am besten lasst Ihr Euch
hierbei von Eurem Trainer beraten. Wenn Ihr nicht

genug Geld habt, lasst Euch den Anzug vielleicht zum Geburtstag schenken oder fragt in Eurem Judoverein, ob irgendeiner einen Judoanzug, der ihm zu klein geworden ist, günstig verkauft.

(3) Welche Größe muss es sein?

Judoanzüge laufen beim ersten Waschen ziemlich stark ein. Die Hosenbeine, Jacke oder Jackenärmel werden oft bis zu 10 cm kürzer. Also kauft Euch einen Judoanzug, der eine Nummer zu groß ist. Zum Beispiel: Wer 140 cm groß ist, braucht einen Judoanzug in der Größe 150. Wer 150 cm groß ist, benötigt die Größe 160 und so weiter (es gibt manchmal auch andere Größenbezeichnungen). Auf jeden Fall sollte der Judoanzug eine Nummer zu groß sein.

Ein weißer Gürtel ist meistens beim Judoanzug dabei. Wenn man mit dem Judo beginnt, trägt man einen weißen Gürtel.

Wenn Ihr einige Monate fleißig trainiert, könnt Ihr eine Prüfung machen und dürft dann einen farbigen Gurt umbinden. Bis zur nächsten Prüfung müsst Ihr dann wieder einige Monate trainieren und so weiter.

Wer zwölf Jahre oder älter ist, kann (wenn er fleißig trainiert hat) seine Prüfung zum Blaugurt ablegen. Nach jeder bestandenen Prüfung trägt man eine neue Gürtelfarbe.

Jetzt seht Ihr die Reihenfolge der Gürtel:

9. Kyu = weiß,	8. Kyu = weiß-gelb,
7. Kyu = gelb,	6. Kyu = gelb-orange,
5. Kyu = orange,	4. Kyu = orange-grün,

3. Kyu = grün,   2. Kyu = blau,
1. Kyu = braun.

Danach kommt der schwarze Gürtel, der Gürtel der Meister.

So, nun braucht Ihr nur noch in einen Judoverein oder eine Judoschule einzutreten, und dann kann es losgehen.

(4) Wo gibt es einen Judoverein oder eine Judoschule?

Fragt doch einmal Eure Freunde oder Klassenkameraden, wo man Judo machen kann. Manche Judovereine oder Judoschulen findet man auch im Telefonbuch oder eben im Internet. Eure Eltern können auch beim Landessportbund oder Sportamt nachfragen. Vielleicht sucht Ihr zwei Trainingsstätten in Eurer Nähe aus, schaut Euch dort das Judotraining an und tretet da ein, wo es Euch am besten gefällt.

(5) Was Ihr zu Beginn des Trainings beachten müsst:

Vor der Judostunde nicht viel essen und trinken, sonst liegt nachher der Pudding, oder was Ihr sonst gegessen habt, auf der Matte. Außerdem bekommt man schnell Bauchschmerzen, wenn man zu viel gegessen hat und sich gleich danach sehr anstrengt.

(6) Wie oft soll man in der Woche trainieren, damit man einmal ein guter Judokämpfer wird?

Am Anfang sollte man nicht zu oft trainieren. Ein- oder

zweimal in der Woche sind genug. Ansonsten ist es wie mit allen Dingen, man könnte schnell die Lust daran verlieren, wenn man sie zu oft tut. Außerdem bekommt Ihr von dem ungewohnten Training bestimmt Muskelkater, und wenn Ihr Muskelkater in den Beinen habt, ist Euch jeder Schritt zu viel. Wer allerdings wenig herumtollt und keinen weiteren Sport außer Judo treibt, der sollte später so oft wie möglich zum Judo gehen, auch um seinen „Übermut" abzureagieren. Das kann man nämlich beim Judo. Danach fällt es einem bestimmt viel leichter, zum Beispiel bei Tante Yvonnes Geburtstag, artig sitzen zu bleiben.

(7) Was muss ein Judoka beachten, wenn er zum Judotraining geht?

1. Der Judoanzug sollte immer einigermaßen sauber sein.

2. Die Fingernägel dürfen nicht zu lang sein, damit man den Partner dadurch nicht verletzt. Ebenso sollten die Fußnägel kurz gehalten werden, denn beim Judo kämpft man ja barfuß. Deswegen müssen auch die Füße sauber sein.

3. Zu lange Haare sind unpraktisch. Ich habe einmal einen Judoka gesehen, dessen Haare bis auf die Schultern reichten. Beim Kämpfen hingen sie dann natürlich in seinem Gesicht. Als er sie mit der Hand zur Seite schieben wollte, hat ihn der Partner mit einem Fußfeger (das ist ein Judowurf, den ich Euch noch zeigen werde) auf die Matte geworfen. Na, der sah vielleicht dumm aus, und alle Zuschauer lachten. Gebt also acht, dass Euch dies nicht passiert. Nehmt einfach ein Gummiband und bindet Euch beim Training

So nicht!!!

zwei Schwänze oder einen Zopf aus Euren Haaren. Meine Schwester macht das auch immer.

4. Wenn Ihr nun in Euren Judoanzug geschlüpft seid, müsst Ihr noch vom Umkleideraum bis zur Judomatte laufen. Dazu benutzt Ihr am besten irgendwelche Latschen, Pantoffeln oder Ähnliches (aber nicht Eurem Opa klauen). Badelatschen kann man in Kaufhäusern preiswert kaufen. So werden Eure Füße nicht schmutzig, und die Matte bleibt sauber.

5. Kaugummis und Bonbons gehören nicht auf die Matte (auch nicht an den Rand der Matte kleben und nach dem Training wieder mitnehmen). In den Mülleimer damit! Diese Dinger könnten Euch nämlich beim Training im Hals stecken bleiben, oder sie kleben auf der Matte.

Nun habe ich Euch aber genug erzählt. Seht Euch die **Tipps** noch einmal an, packt Eure Sachen – und auf zum Training. Viel Spaß!

(8) Wie bindet man einen Judogürtel?

Nachdem Ihr Euch einen Judoanzug gekauft und eine Trainingsstätte gefunden habt, will ich Euch jetzt einige Judotechniken zeigen, auf die Ihr sicher schon gespannt seid. Aber halt: Wenn Ihr Euren Judoanzug angezogen habt, wisst ihr ja noch gar nicht, wie man seinen Gürtel richtig bindet. Vielleicht hat es Euch Euer Trainer oder ein anderer Judoka schon gezeigt, und Ihr habt es wieder vergessen. Das macht nichts – schaut noch einmal her: Wir legen die Mitte des Gürtels auf unseren Bauch, ungefähr dahin, wo sich der Bauchnabel befindet.

Die beiden Gürtelenden wickeln wir einmal um uns herum, so dass sie wieder vorn sind. Dann legen wir die Enden übereinander.

Das obere Gürtelende wickeln wir einmal um das andere Ende **und** den darunterliegenden Teil des Gürtels herum und ...

... binden dann aus den beiden Gürtelenden einen Knoten, so dass beide Gürtelenden herabhängen.

So, jetzt können wir endlich mit dem Judotraining anfangen. Ich zeige Euch zuerst einige Haltegriffe, mit denen Ihr Eure Gegner auf der Matte „festnageln" könnt. Beim Festhalten auf der Matte braucht man noch nicht fallen zu können und kann trotzdem schon, ohne Angst haben zu müssen, kämpfen bis zum Schwitzen. Bei allen Haltegriffen liegt der Partner zu Beginn mit dem Rücken auf der Matte.

Haltegriffe:

Es gibt vier verschiedene Arten (Haltetechnikgruppen), mit denen man gut halten kann. Ich zeige Euch von jeder Halte-technikgruppe zwei verschiedene Ausführungen (A + B) und nenne Euch gleich die japanischen Namen dieser Griffe. Weil Judo aus Japan kommt, haben nämlich Judo-griffe und -würfe japanische Namen.

1. Tate-shiho-gatame = Reitvierer

(A) Krabbelt auf Euren Partner und legt Euch auf seinen Bauch.

- Umklammert mit Euren Beinen seine Beine.

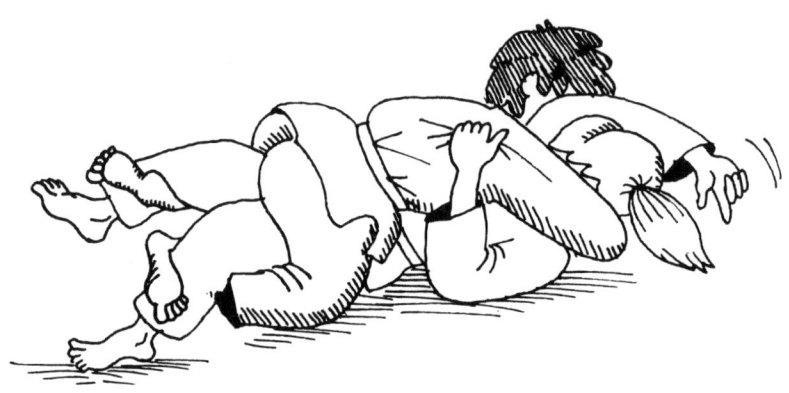

- Greift mit einem Arm um seinen Hals herum in seine Jacke und stützt Euch mit dem anderen Arm auf der anderen Seite auf der Matte ab.
- Haltet den Kopf möglichst tief neben den Kopf Eures Partners (Ihr könnt auch versuchen, zwischen beiden Köpfen den Arm Eures Partners einzuklemmen).

Ⓑ Legt Euch genauso auf Euren Partner wie vorher.

• Jetzt umschließt Ihr mit beiden Armen einen Arm des Partners – mit den Händen greift Ihr dabei in dessen Jackenärmel.

2. Yoko-shiho-gatame = Seitlicher Vierer

(A) Legt Euch von der Seite her auf Brust und Bauch Eures Partners.

• Grätscht die Beine und setzt die Zehen auf der Matte auf (wie ein sprungbereiter Tiger). Man kann sich so am besten abstützen, wenn der Partner versucht, sich rauszudrehen.

• Umschlingt mit beiden Armen den Arm Eures Partners, fasst mit den Händen seinen Jackenärmel und haltet Euren Kopf tief.

Ⓑ Legt Euch wieder von der Seite auf Euren Partner.

• Greift mit einem Arm um seinen Hals in seine Jacke.

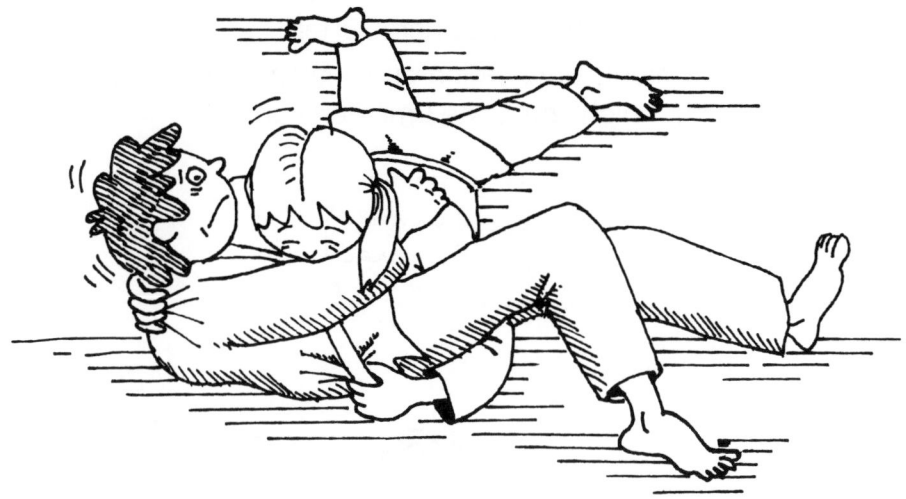

• Greift mit dem anderen Arm von oben zwischen seinen Beinen durch und versucht, seinen Gürtel oder die Jacke zu ergreifen.

3. Kami-shiho-gatame = Oberer Vierer

Ⓐ Legt Euch von der Kopfseite Eures Partners her auf dessen Brust.

• Greift mit beiden Händen unter seinen Achseln hindurch an den Seiten in seinen Gürtel.

• Vergesst nicht, Eure Beine zu grätschen, damit Euch der Partner nicht zur Seite umrollen kann.

Achtung!

Legt Euch bei diesem Haltegriff nicht direkt auf seinen Kopf, sonst drückt Ihr ihm die Nase platt. Schiebt seinen Kopf deshalb zur Seite. Ihr liegt somit ein wenig schräg auf ihm.

Ⓑ Legt Euch wieder genauso auf den Partner.

- Schiebt Eure Hände unter seinen Achseln durch und greift mit den Fingern auf beiden Seiten in den Kragen der Jacke Eures Partners.

- Zieht den Kragen nach unten und nach außen.
- Grätscht die Beine und drückt seine Nase nicht platt.

4. Kesa-gatame = Schärpe

Ⓐ Setzt Euch neben den Partner und grätscht die Beine.

- Wenn Ihr auf der rechten Seite Eures Partners sitzt, greift mit dem rechten Arm um seinen Hals und fasst mit der Hand in die Jacke.

- Klemmt seinen rechten Unterarm unter Eure linke Achsel und haltet mit Eurer linken Hand kräftig seinen Jackenärmel fest.

- Haltet den Kopf tief und winkelt die Beine an, so wie Ihr es auf dem Bild seht.

Manche Partner schaffen es, den, der sie festhält, über sich rüberzurollen. Damit Euch das nicht passiert, könnt Ihr Euch mit der rechten Hand so festhalten, wie Ihr es auf dem folgenden Bild seht: Wenn der Partner Euch nun rüberrollen will, stützt Ihr Euch einfach mit der rechten Hand auf der Matte ab.

(B) Setzt Euch wieder genauso neben Euren Partner wie beim vorigen Haltegriff.

• Greift jetzt wieder mit der rechten Hand um seinen Hals.

- Drückt dann aber den rechten Arm des Partners gegen seinen eigenen Hals.

- Greift mit Eurer linken Hand um das Handgelenk Eurer rechten Hand.
- Haltet den Kopf tief.
- Drückt mit der Kopf- und Halsseite gegen den rechten eingeklemmten Arm Eures Partners.

Jetzt habt Ihr schon einige Haltegriffe gelernt, so dass Ihr nun mit einem Partner auf der Matte ordentlich kämpfen könnt – beim Judo nennt man das „Bodenkampf". Ihr müsst dabei versuchen, den Partner auf den Rücken zu drehen und ihn 25 Sekunden mit einem Haltegriff festzuhalten.

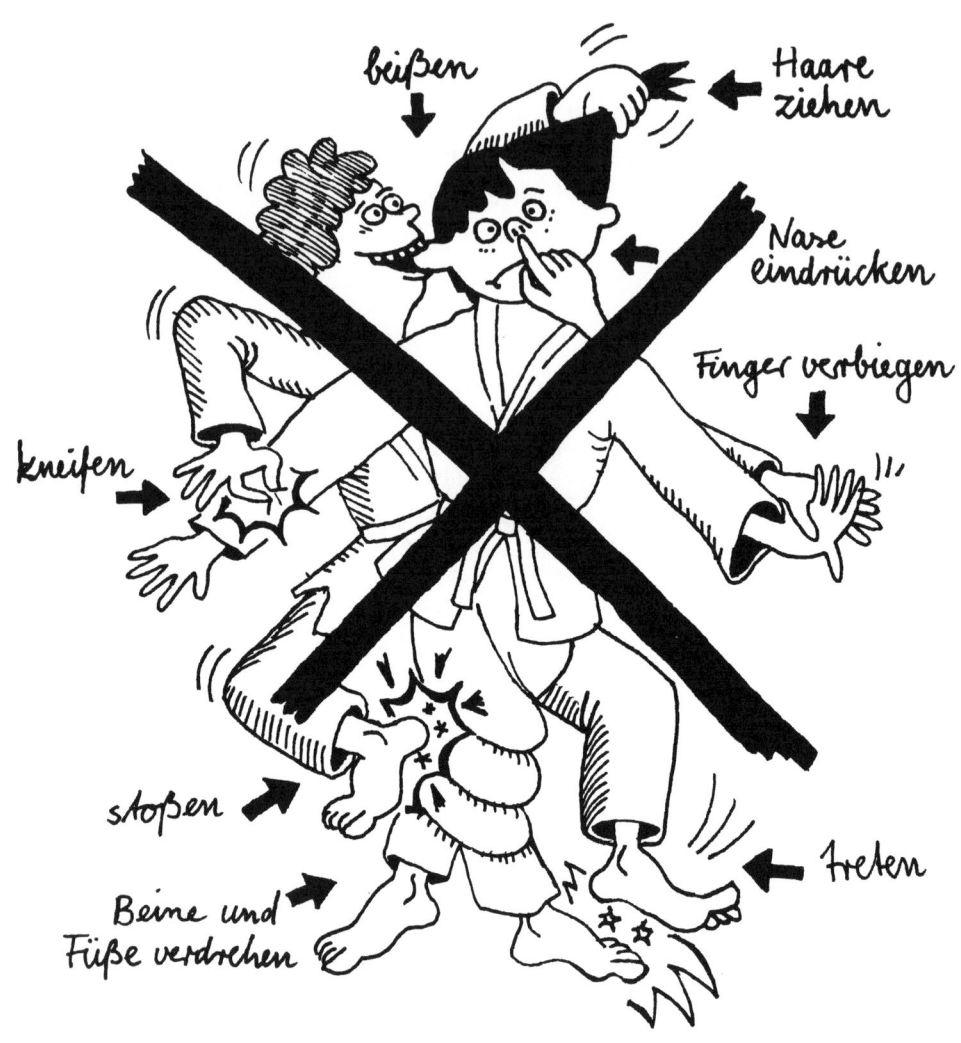

Aber: kitzeln, kneifen, beißen, an den Ohren und Haaren ziehen, Finger umknicken, Beine und Füße verdrehen und Nase eindrücken ist dabei natürlich verboten!

Versucht den Bodenkampf so zu machen wie junge Katzen, die miteinander balgen – nicht zu wild, aber auch nicht zu langsam. Passt auf, dass Ihr Eurem Partner nicht wehtut. Wenn Ihr ihn aber in einen Haltegriff bekommen habt, dann haltet ihn fest, als ob er auf der Matte angeklebt wäre, so dass er nicht mehr aufstehen kann.

Manchmal gelingt es dem Partner aber doch, aus einem Haltegriff zu entkommen. Dabei kann man oft die Bewegung des Partners ausnutzen und in einen anderen Haltegriff übergehen. Wie das genau geht, wird Euch Euer Trainer bestimmt noch zeigen.

Als Nächstes werden wir nun die Judowürfe üben. Dazu müsst Ihr aber **vorher** das Fallen lernen, damit Ihr Euch nicht wehtut, wenn Euch Euer Partner wirft. Ich zeige Euch deshalb zuerst eine Fallübung und dann mehrere Würfe, bei denen Ihr mit dieser Fallübung „landen" könnt, ohne Euch wehzutun.

Fallen seitwärts

Die Fallübung üben wir zuerst aus der Hocke. Wir fallen einfach zur Seite um und schlagen dabei mit der Hand und dem ganzen Arm auf die Matte. Das lernt Ihr ganz schnell, und auf der Matte könnt Ihr Euch auch nicht wehtun. Wenn Ihr es aus der Hocke gut könnt, probiert es, indem Ihr nur noch ein bisschen in die Hocke geht (halbhoch) und dann aus dem Stand. Da man häufiger auf die linke Seite fällt, üben wir das Fallen zuerst auf der linken Seite. Dabei schieben wir das linke Bein vor dem rechten Bein über die Matte und fallen auf die linke Seite, so hoch, wie wir es aus der Hocke geübt haben.

Haltet Euren Körper schön rund und hebt Euren Kopf immer ein wenig hoch, damit Ihr Euch bei dieser Fallübung nicht den Kopf stoßt (oder mit dem Kopf Löcher in die Matte haut).

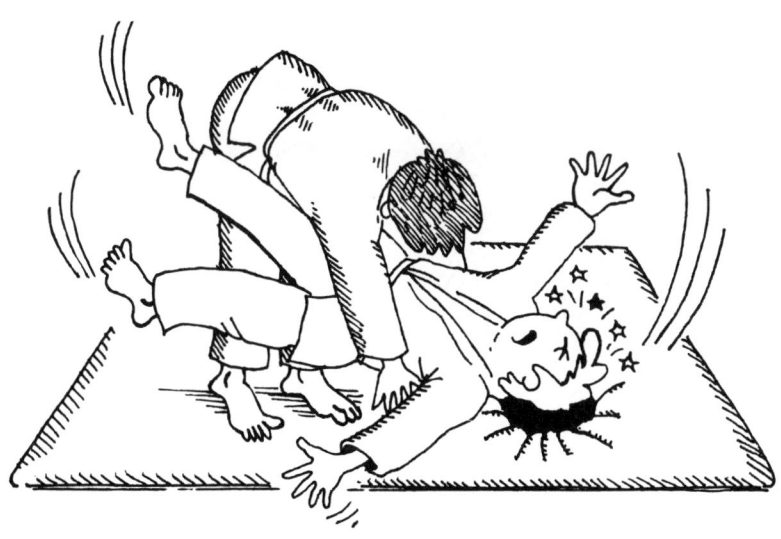

Seht Euch hierzu die Bilder gut an und übt es immer wieder, bis Euer Lehrer damit zufrieden ist. Wenn Ihr jetzt mit einem der folgenden Judowürfe geworfen werdet, kann nichts passieren, wenn Ihr dabei eine Fallübung seitwärts macht. Fangt aber langsam und vorsichtig mit dem Werfen an

Jetzt zeige ich Euch, wie man wirft:

Judowürfe:

1. De-ashi-barai = Fußfegen

Diesen Wurf probieren wir immer dann, wenn der Partner das rechte Bein vorn hat – am besten, wenn er rückwärts läuft, dabei sein linkes Bein nach hinten gesetzt hat und

seinen rechten Fuß gerade anhebt, um den nächsten Schritt zu machen. Zum Üben stellt der Partner sein rechtes Bein vor.

- Greift mit der rechten Hand in den linken Kragen und mit der linken Hand an den rechten Jackenärmel des Partners. Der Partner fasst ebenso.

- Fegt jetzt mit der linken Fußsohle (nicht die Fußkante nehmen, weil es wehtut) von außen gegen den Knöchel des Partners.

- Zieht kräftig am Jackenärmel und haltet ihn auch beim Fallen am Jackenärmel fest. Dadurch fällt er sanft zu Boden. Es ist für Euch wichtig, dass Euer Partner sanft fällt, weil er anschließend wirft und Ihr ja auch sanft fallen wollt.

2. O-soto-gari = Große Außensichel

- Fasst Euren Partner wie beim ersten Wurf an.
- Setzt den linken Fuß außen neben den rechten Fuß Eures Partners.
- Zieht an seinem rechten Arm und drückt ihn mit Eurem rechtem Arm nach hinten.
- Führt Euer rechtes Bein an seinem rechten Bein vorbei und schlagt es mit viel Schwung von hinten (Wade gegen Wade) gegen das Bein des Partners, das dadurch wegfliegt. Das Schlagen mit dem Bein müsst Ihr in der richtigen Geschwindigkeit machen, damit es wirkt, aber nicht wehtut.

3. Ko-soto-gake = Kleines Einhängen

- Greift mit der rechten Hand in den linken Kragen und mit der linken Hand an den rechten Jackenärmel Eures Partners.
- Hakt Euer linkes Bein – Wade gegen Wade – hinter das rechte Bein des Partners.
- Zieht Euer linkes, eingehaktes Bein zu Euch heran.
- Drückt den Partner in Richtung Eurer linken Seite schräg nach hinten, so dass er fällt.
- Ihr könnt hierbei auch noch mit Eurer Brust gegen die Brust des Partners drücken. Passt aber auf, dass Ihr nicht auf den Partner fallt – das könnte wehtun. Eventuell kann der Partner bei diesem Wurf auch rückwärts fallen, siehe Seite 56.

4. O-uchi-gari = Große Innensichel

- Der Partner muss ziemlich breitbeinig stehen, zum Beispiel wenn er ein bisschen Angst hat und breitbeinig, den Po tief haltend, läuft.
- Versucht mit Eurem rechten Bein zwischen seine Beine zu gelangen, indem Ihr mit kleinen Schritten dicht und etwas tief an ihn herantretet.

- Sichelt in einem Bogen sein linkes Bein von innen nach außen weg.
- Drückt den Partner bei diesem Wurf immer auf die Seite, auf der Ihr das Bein wegsichelt.

5. Ko-uchi-gari = Kleine Innensichel

- Zieht Euren Partner so, dass er mit einem Bein einen Schritt nach vorn macht.
- Setzt der Partner sein rechtes Bein nach vorn, ...
- ... sichelt Ihr mit Eurer rechten Fußsohle das Bein des Partners von innen weg, bevor es wieder den Boden berührt.
- Setzt der Partner zuerst sein linkes Bein nach vorn, müsst Ihr natürlich mit Eurer linken Fußsohle sicheln.

  Wenn man diesen Wurf immer mit dem linken Bein versucht, sollte man den Partner so anfassen, wie Ihr es auf dem Bild seht: Linke Hand in den Kragen, rechte Hand an den Jackenärmel.
- Drückt den Partner kräftig nach hinten.
- Ihr könnt bei diesem Wurf auch wieder mit Eurer Brust gegen die Brust des Partners drücken, so wie ich es Euch bei Ko-soto-gake gezeigt habe.

Jetzt üben wir die nächste Fallübung:

Fallen rückwärts

Da Ihr die Fallübung seitwärts schon könnt, wird Euch das Fallen rückwärts nicht schwerfallen. Die Bewegung ist ganz ähnlich. Wir beginnen **wieder** in der Hocke und nehmen das Kinn dabei auf die Brust. Lasst Euch mit rundem Körper auf den Rücken fallen und schlagt mit beiden Armen **kräftig** auf die Matte. Die Arme sind Eure „Bremsraketen". Wenn Ihr das schon gut könnt, versucht es danach aus dem Stand. Als Nächstes zeige ich Euch Judowürfe, bei denen Ihr nach hinten fallt. Aber vergesst nicht, das Kinn auf die Brust zu nehmen.

Wenn Ihr lange und fleißig geübt habt, könnt Ihr Eure Gürtelprüfung machen – sprecht mit Eurem Trainer! Was Ihr dabei für den ersten Gurt (und später die anderen Gürtel) können müsst, steht in dem Buch **Das JUDO-Brevier**, das auch aus dem Verlag Weinmann kommt.

6. Morote-gari = Doppelhandsichel

- Tretet dicht an den Partner heran.
- Geht ein wenig in die Hocke und beugt Euch nach vorn.

- Greift mit beiden Händen von außen in die Kniekehlen des Partners und zieht dessen Beine mit einem Ruck nach oben und zu Euch hin.
- Stoßt dabei Euren Kopf nicht in den Bauch des Partners (Ihr wollt ja nicht wissen, was er gegessen hat), sondern nehmt Euren Kopf zur Seite.
- Der Wurf gelingt manchmal besser, wenn man zusätzlich mit der eigenen Schulter gegen den Partner drückt.

7. Kata-ashi-dori = Einhandsichel

Diesen Wurf machen wir als eine Mischung aus Morote-gari (6) und O-uchi-gari (4), die Ihr schon kennt.

- Fasst mit der rechten Hand in den Kragen des Partners.

- Mit der linken Hand greift Ihr jetzt von außen in die rechte Kniekehle des Partners und zieht sein Bein kräftig zu Euch hoch. Mit Eurem rechten Bein sichelt Ihr das linke Bein des Partners wie bei der großen Innensichel (4) weg.

8. Sukui-nage = Schaufelwurf

Auch dieser Wurf ist dem Morote-gari (6) ähnlich.

- Stellt Euch neben Euren Partner, so dass Ihr in die gleiche Richtung blickt.
- Stellt das Bein, das sich an der Seite des Partners befindet, hinter seine Beine.

- Beugt Euren Oberkörper nach vorn.
- Reißt mit beiden Händen von vorn die Beine des Partners hoch und werft ihn nach hinten. Ihr könnt entweder an seine Hosenbeine oder in seine Kniekehlen greifen.

9. Tani-otoshi = Talfallzug

- Fasst Euren Partner an wie bei den Würfen (1) bis (4).
- Versucht ein Bein hinter beide Beine Eures Partners zu schieben.

- Lasst Euch dabei selbst auf Eure Körperseite, an der das hintergeschobene Bein angewachsen ist, fallen.
- Wollt Ihr Euer linkes Bein nehmen, so müsst Ihr es auf der rechten Seite des Partners vorbeischieben – beim rechten Bein ist es dann die andere Seite.
- Zieht und drückt den Partner nach hinten auf den Boden.

Fallen vorwärts

Als dritte und letzte Fallübung wollen wir das Fallen vorwärts erlernen. Von dieser Fallübung habt Ihr vielleicht schon etwas gehört. Sie wird auch „Judorolle" genannt. Stellt das rechte Bein vor und setzt beide Hände nahe nebeneinander auf die Matte. Die rechte Hand ist dabei weiter von den Füßen entfernt als die linke und zeigt nach hinten. Die rechte Schulter ist ebenfalls weiter vorn als die linke Schulter. Nehmt den Kopf tief auf die Brust. Zu Beginn könnt Ihr die Knie ein wenig beugen oder das linke Knie auf die Matte setzen. Haltet Euren Oberkörper schön rund und rollt über Euren rechten Arm – rechte Seite – und Rücken ab. Mit dem linken Arm und der linken Handfläche, der rechten Fußsohle und der Außenkante des linken Fußes schlagt Ihr auf die Matte.

Wenn Ihr mit den Würfen geworfen werdet, die ich Euch anschließend zeige, habt keine Angst. Verkrampft Euch nicht, versucht langsam und locker zu fallen und schlagt mit Armen und Beinen **kräftig** auf die Matte. Wenn Ihr diese Würfe bei Eurem Partner probiert, werft ihn zuerst auch langsam und vorsichtig.

Ihr werdet schon sehen, auch das Fallen macht Spaß, wenn man es erst richtig kann. Und vor allem ist das richtige Fallen manchmal sehr nützlich, wenn man beim Rennen (oder vielleicht mit dem Fahrrad) hinfällt.

Jetzt will ich Euch aber die Würfe zeigen:

10. Tomoe-nage = Kopfwurf

- Fasst Euren Partner, wie ich es schon öfter gezeigt habe, an:

  Linke Hand am _____

  Rechte Hand am_____

- Setzt eine Fußsohle vorsichtig gegen den Unterkörper Eures Partners (nicht in den Magen treten).
- Lasst Euch rund auf den Rücken fallen und werft den Partner über Euch, indem Ihr mit den Armen kräftig zieht und das Bein streckt, wenn der Partner über Euch schwebt. Dieser Wurf geht besonders gut, wenn Euch Euer Partner schiebt. Je mehr er schiebt, desto besser „segelt" er.

11. Sumi-gaeshi = Eckenwurf

Dieser Wurf ist so ähnlich wie der Tomoe-nage.

- Fasst den Partner wieder genauso an.

- Setzt den Spann (Ihr wisst ja vom Fußball, was das ist) – nicht die Sohle eines Fußes – gegen die Innenseite des gegenüberliegenden Oberschenkels Eures Partners.

- Werft Euch auf den Rücken und zieht den Partner über Euch.

- Mit dem Spann des Fußes wird die Wurfbewegung unterstützt. Bei diesem Wurf kann man den Partner auch anders anfassen. Man greift mit der rechten Hand über die linke Schulter des Partners auf dessen Rücken und drückt ihn dabei ein wenig nach unten. Versucht es einmal.

12. Yoko-otoshi = Seitfallzug

- Fasst den Partner an.

- Schiebt ein Bein seitlich am Partner vorbei und werft Euch dabei selbst auf die Körperseite, an der Ihr das Bein vorbeischiebt.

- Zieht den Partner über Euer Bein zu Boden und helft tüchtig mit Euren Armen nach. Je nachdem, wie man

zieht, fällt der Partner entweder auf die Seite oder vorwärts.

13. Tai-otoshi = Körperwurf

- Greift mit der linken Hand an den rechten Jackenärmel des Partners und ...

- ... mit dem rechten Arm um seinen Hals. Dabei müsst Ihr Euch vor dem Partner links herumdrehen, so dass Ihr jetzt vor dem Partner steht und in dieselbe Richtung schaut wie dieser. Das geht am besten, wenn Ihr Euer linkes Bein im großen Bogen um Euer rechtes Bein herum zurückzieht.

- Setzt Euren rechten Fuß außen neben den rechten Fuß des Partners, so dass Ihr mit der Rückseite Eures Beins das rechte Bein Eures Partners blockiert (zu Anfang könnt Ihr eventuell auch das rechte Knie auf die Matte setzen).

- Werft den Partner über Euer Bein nach vorn auf die Matte, indem Ihr ihn mit dem rechten Arm nach vorn drückt und kräftig an seinem rechten Arm zieht. Ihr könnt bei diesem Wurf auch mit der rechten Hand in seinen Kragen greifen. Ich glaube aber, dass es zu Anfang einfacher ist, wenn Ihr um den Hals greift. Probiert es selbst aus, wie es am besten geht.

14. O-goshi = Großer Hüftwurf

- Greift mit der linken Hand an den rechten Jackenärmel des Partners.
- Euren rechten Arm führt Ihr unter dem linken Arm des Partners hindurch und umschlingt dessen rechte Rückenseite.
- Dabei müsst Ihr Euch wieder umdrehen, so dass Ihr mit dem Rücken zum Partner steht (das nennt man auch „Eindrehen").
- Geht beim „Eindrehen" leicht in die Kniebeuge.

- Zieht den Partner an Euch heran, so dass er mit seinem Bauch auf Eurer Hüfte liegt.
- Streckt die Beine ruckartig und drückt mit Eurer rechten Pohälfte gegen seinen rechten Oberschenkel, so dass Euer Partner in der Luft schwebt.

- Zieht kräftig mit dem rechten Arm und werft den Partner nach vorn. Um das Heben des Partners zu üben, ladet ihn mehrmals auf, ohne ihn zu werfen. Ihr seht also, man kann den Partner so ganz leicht heben.

15. Koshi-guruma = Hüftrad

Dieser Wurf ist dem O-goshi sehr ähnlich. Man muss sich hierbei nur viel weiter „eindrehen".

- Fasst den Partner an wie beim O-goshi.
- Greift mit dem rechten Arm um den Hals des Partners.

- Dreht Euch so weit links herum, dass sich Eure linke Pohälfte vor dem rechten Oberschenkel Eures Partners befindet (geht dabei ein wenig in die Kniebeuge).
- Zieht kräftig mit Eurem linken Arm, streckt die Beine und werft den Partner über Euch zu Boden.

16. Harai-goshi = Hüftfegen

Der Harai-goshi geht am einfachsten, wenn Ihr ihn aus der Position des O-goshi, die Ihr ja schon kennt, probiert. Bei Harai-goshi steht man auf einem Bein. Übt diesen Wurf erst, wenn Ihr O-goshi schon gut könnt.

- Dreht Euch ein wie zum O-goshi.
- Zieht den Partner an Euch heran.
- Holt mit dem rechten Bein von vorn Schwung, schlagt es schwungvoll gegen das rechte Bein Eures Partners und schiebt dieses dadurch nach hinten.
- Zieht wieder kräftig mit dem linken Arm und werft den Partner nach vorn auf die Matte. Bei diesem Wurf könnt Ihr auch mit der rechten Hand in den Kragen greifen oder aber auch um seinen Hals fassen.

17. Seoi-nage = Schulterwurf

- Greift mit der linken Hand in den rechten Jackenärmel des Partners.
- Dreht Euch linksherum ein.
- Geht dabei leicht in die Kniebeuge.
- Umschlingt mit Eurem rechten Arm den rechten Oberarm Eures Partners, wie Ihr es auf dem Bild seht.
- Zieht den Partner an Euch heran.
- Streckt Euch ruckartig und zieht den Partner über Eure rechte Schulter und werft ihn nach vorn.

Bisher habe ich Euch viele Judowürfe und Haltegriffe gezeigt. Jetzt werde ich Euch noch einige **Armhebel** vorführen. Seid aber vorsichtig und verbiegt die Arme Eures Partners nicht zu sehr, und der Partner darf natürlich nicht vergessen, rechtzeitig abzuklopfen, damit es ihm nicht wehtut.

Armhebel:

1. Juji-gatame = Leistenstreckhebel

- Der Partner liegt auf dem Rücken. Greift seinen gestreckten Arm am Handgelenk.

- Setzt Euch ganz dicht an den Partner heran und legt das Bein, das sich an seiner Kopfseite befindet, über seinen Kopf. Dadurch kann er sich bei dem Hebel nicht mehr so gut herausdrehen (Ihr könnt aber auch das andere Bein noch zusätzlich über den Bauch Eures Partners legen).

- Klemmt den Arm Eures Partners zwischen den eigenen Beinen ein.

- Zieht seinen Arm an Euch heran und hebt den Po hoch.

- Euer Partner klopft ab, sobald er merkt, dass sein Arm gestreckt ist und Euer Hebel funktioniert. Ihr müsst dann sofort loslassen. Falls der Hebel nicht so gut funktioniert, weil der Partner sehr gelenkig ist oder weil Ihr Euren Po nicht hochbekommt, so drückt den Arm des Partners zu der Seite, auf der sich sein kleiner Finger befindet. Hierbei ist es dann besonders wichtig, dass Ihr Eure Knie fest zusammendrückt.

2. Ude-garami = Armbeugehebel

- Der Partner liegt auf dem Boden und Ihr probiert den Beugehebel an seinem linken Arm.
- Der Arm des Partners muss so gebeugt sein, dass die Hand zu seinem Kopf zeigt.
- Erfasst nun mit Eurer linken Hand von oben sein Handgelenk.
- Schiebt Eure rechte Hand unter seinem Ellenbogen hindurch und fasst von oben auf Euer eigenes linkes Handgelenk.

- Zieht den Arm des Partners zu seinem eigenen Körper und drückt Euren rechten Arm und damit auch seinen Ellenbogen nach oben.
- Gebt acht, dass Ihr nicht die Hand des Partners umknickt. „Handhebel" sind nämlich verboten. Hebt deshalb am besten den Arm ein wenig an.

3. Waki-gatame = Achselstreckhebel

Diesen Armhebel probiert Ihr am besten dann, wenn der Partner auf dem Rücken liegt und versucht, sich zu Eurer Seite hin auf den Bauch zu drehen, damit Ihr ihn nicht mit einem Haltegriff festhalten könnt. Oder aber der Partner liegt bereits auf dem Bauch, und Ihr könnt seine Arme ergreifen.

- Ergreift seinen Arm mit beiden Händen am Handgelenk.
- Zieht den Arm unter Eurer eigenen Schulter (Achsel) hindurch und ...

Klopf, Klopf!

- ... drückt dabei mit Eurem Oberkörper auf die Schulter des Partners.

4. Ude-gatame = Drehstreckhebel

- Der Partner liegt wieder auf dem Rücken, und Ihr sitzt auf ihm.

- Wenn er jetzt einen Arm streckt, beugt Euch so weit hinunter, dass sein Unterarm gegen Euren Hals drückt. Dadurch ist sein Arm blockiert.

- Drückt mit beiden Händen gegen seinen Ellenbogen. Wenn der Hebel noch nicht richtig „zieht", so müsst Ihr ihn ein wenig drehen. Probiert das langsam aus, und Ihr werdet schon merken, wie es am besten funktioniert.

Nun zeige ich Euch noch einige **Würgegriffe**.

Würgegriffe sind zurzeit für Judoka unter 14 Jahren beim Wettkampf verboten. Ich werde Euch aber trotzdem einige Würgegriffe erklären, denn bei der Prüfung zum Orange-gurt müsst Ihr ja bereits zwei Würgegriffe können. Wenn Ihr älter als 14 Jahre seid, wird beim Judokampf auch gewürgt. Dann ist es gut, wenn Ihr schon würgen könnt. Wer gewürgt wird, muss natürlich sofort abklopfen, sobald es am Hals „zu eng" wird.

1. Hadaka-jime = Freies Würgen

- Legt einen Arm von hinten um den Hals des Partners und ...
- ... greift mit der Hand auf den anderen Oberarm.

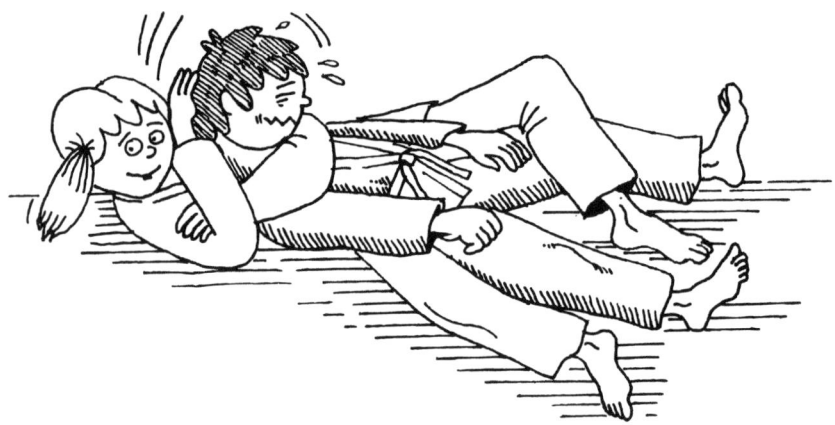

- Mit der anderen Hand drückt Ihr nun von hinten gegen den Kopf des Partners.

2. Juji-jime = Kreuzwürgen

- Greift mit beiden Händen und gekreuzten Unterarmen tief in den Kragen des Partners und ...
- ... drückt nun Eure Ellenbogen auseinander

3. Kata-ha-jime = Schulterwürgen

- Greift von hinten mit einer Hand dicht am Hals in den Kragen des Partners (mit der rechten Hand in den linken Kragen oder umgekehrt).

- Mit der anderen Hand greift Ihr unter seinem Arm hindurch hinter seinen Kopf.

- Wenn Ihr jetzt mit Eurem rechten Arm zieht und mit der linken Hand gegen den Kopf des Partners drückt, wird er „gewürgt".

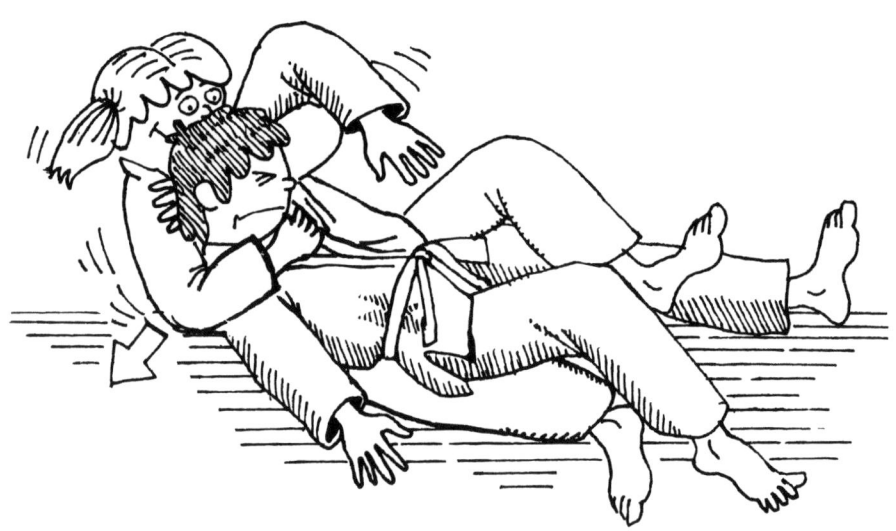

4. Okuri-eri-jime = Kragenwürgen

- Greift wieder wie beim Würgegriff (3) mit einer Hand tief in den .... des Partners.
- Mit der anderen Hand greift Ihr jetzt unter dem Arm des Partners hindurch in den anderen Jackenkragen und ....
- .... zieht vorsichtig mit beiden Armen.

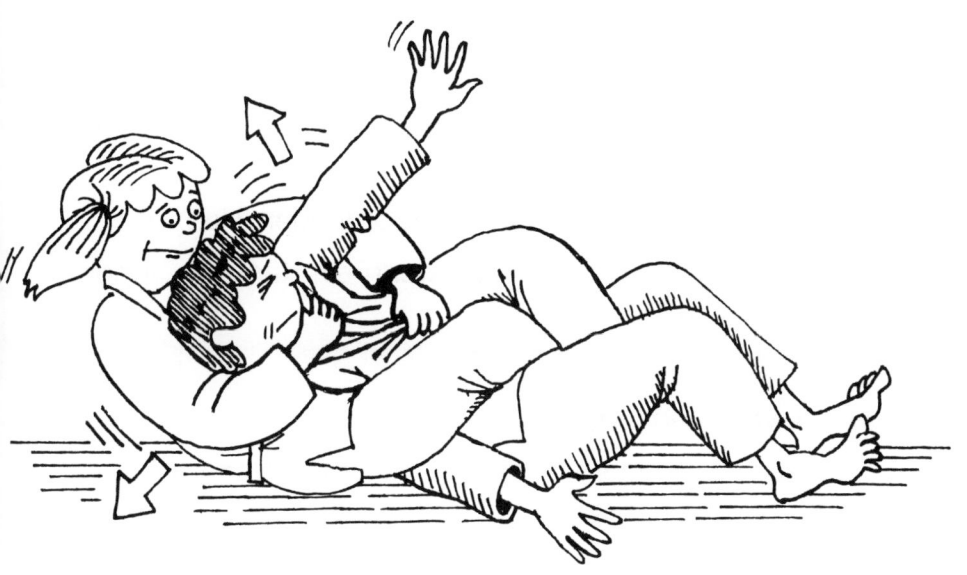

Die Judo-Kampfregeln

Beide Kämpfer gehen auf die Matte und verbeugen sich, der Kampfrichter ruft **„Hajime"** (Kämpft!), und dann beginnt der Kampf. Man versucht, den Gegner mit einem Judowurf zu werfen, mit einem Haltegriff festzuhalten oder (soweit Kindern erlaubt) einen Armhebel oder Würgegriff anzuwenden.

Nun erkläre ich Euch die verschiedenen Bewertungen und Kampfrichter-Kommandos beim Judokampf.

Ippon = Punkt

Man erhält **„Ippon"** (einen Punkt):

a) Wenn man den Gegner durch einen Judowurf mit Kraft und Schwung auf den Boden wirft.

b) Wenn man den Gegner 25 Sekunden mit einem Haltegriff festhält.

c) Wenn der Gegner aufgibt (abklopft oder „Halt" ruft).

Der Kampf ist sofort zu Ende, wenn ein Kämpfer „Ippon" bekommen hat.

Waza-ari = Wertung

Waza-ari ist weniger als Ippon. Man erhält **Waza-ari** (Wertung):

a) Wenn ein Judowurf nicht ganz gelungen ist, wenn der Schwung geringer ist oder der Gegner nicht richtig auf dem Rücken gelandet ist.

b) Wenn man den Gegner 20 Sekunden mit einem Haltegriff festhält.

Erhält ein Kämpfer zweimal Waza-ari, ist der Kampf zu Ende, und er hat gewonnen.

Yuko = Teilerfolg

Yuko ist weniger als Waza-ari. Man erhält **Yuko** (Teilerfolg):

a) Wenn ein Wurf nicht gut genug gelungen ist, um dafür Waza-ari zu bekommen.

b) Wenn man den Gegner 15 Sekunden mit einem Haltegriff festhält.

Ihr sollt Euch noch folgende Begriffe merken:

Osae-komi = Haltegriff

Der Kampfrichter ruft „**Osae-komi**" (Haltegriff), wenn einer der Kämpfer den anderen in einen Haltegriff bekommen hat und die Zeit zu zählen beginnt.

Mate = Lösen!

Mate werdet Ihr beim Kämpfen bestimmt häufig hören. Der Kampfrichter ruft „Mate" (Lösen!), um den Kampf zu unterbrechen. Soll der Kampf wieder weitergehen, ruft er wie zu Beginn „Hajime".

Sore-made = Ende

Der Kampfrichter ruft „Sore-made" (Ende), wenn der Kampf zu Ende ist. Beide Kämpfer verbeugen sich wieder zueinander, und der Kampfrichter gibt das Ergebnis bekannt.

Ich könnte Euch noch mehr über die Kampfregeln erzählen, aber ich glaube, dass ich Euch das Wichtigste gesagt habe.

Liebe Judoka,

Ich habe Euch jetzt viel vom Judo gezeigt. Ihr müsst die Techniken aber auch fleißig üben. Man kann nur ein guter Judoka werden, wenn man **regelmäßig** übt. Allein das Üben der Judotechniken reicht aber nicht.

Ihr müsst auch kämpfen!

Dabei bewegt man sich mit seinem Partner auf der Matte und versucht, ihn mit Judotechniken zu überlisten. Hebt beim Laufen die Füße nicht mehr als nötig und macht keine zu großen Schritte. Eure Knie sollten dabei immer ein wenig gebeugt sein

Ihr werdet beim Kämpfen feststellen, dass viele Techniken, die Ihr mit Eurem Partner gut vorführen könnt, nicht mehr so gut gelingen, wenn Ihr den richtigen Moment verpasst habt oder der Partner sich wehrt. Ihr müsst also lernen, blitzschnell zu erkennen, wann man welche Judotechniken anwendet und wie man sich gegen Angriffe des Partners verhält.

Wenn Euch ein kräftiger Partner über die Matte schiebt, dann stemmt Euch nicht dagegen, sondern versucht, durch Nachgeben zu siegen, indem Ihr zum Beispiel Tomoe-nage oder Seoi-nage anwendet.

Ihr sollt also viel kämpfen und ebenso oft die Judotechniken einzeln üben.

Auch die Techniken, die man schon kennt, muss man immer wiederholen, damit sie nach und nach immer schneller und besser funktionieren. Seid nicht gleich enttäuscht, wenn Euch eine Judotechnik nicht so gut gelingt. Es ist zum Beispiel für einen großen, langen Judoka sehr schwer, einen viel kleineren mit einem Schulterwurf zu werfen. Irgendwann werdet Ihr feststellen, dass Euch ein bestimmter Wurf immer besonders gut gelingt. Das wird vielleicht einmal Euer Spezialwurf, mit dem Ihr dann auch viele Kämpfe gewinnt.

Wenn Ihr nun alle Techniken aus diesem Buch könnt und gern noch mehr vom Judo wissen wollt, so besorgt Euch Judobücher für Erwachsene. Aus Judobüchern kann man eine Menge lernen. Merkt Euch aber: Vor allem braucht man das Training auf der Judomatte. Ich wünsche Euch viel Erfolg und weiterhin viel Spaß.

Könnt Ihr diese Fragen beantworten?

Wie nennt man einen Judokämpfer?

_____

Was heißt „Judoanzug" auf Japanisch?

_____

Nenne drei Gürtelfarben.

_____

Wie lange muss man seinen Gegner festhalten, um den Kampf zu gewinnen?

.... Sekunden/Minuten/Stunden

Was macht man, wenn man beim Judokampf aufgibt (oder einem etwas wehtut)?

_____ oder _____

Wie viele verschiedene Fallübungen sollte man können?

_____

Was macht man beim Fallen mit den Armen und Händen?

_____

Was darf man beim Judo nicht machen?

_____

Wie heißt „O-soto-gari" auf Deutsch?

_____

Was heißt „Schulterwurf" auf Japanisch?

_____

Was ruft der Kampfrichter, wenn Ihr Euren Gegner richtig geworfen habt?

_____

Welche Würfe kann man gut anwenden, wenn der Partner schiebt?

_____

Welche Würfe kann man gut anwenden, wenn der Partner zieht?

_____

Wodurch kann man seinen Gegner am Boden besiegen?

_____

Wann ist ein Judokampf gewonnen?

_____

Notizen

Notizen

Ausführliche Informationen finden Sie auch im Internet: **www.weinmann-verlag.de**

Wir senden Ihnen gern kostenlos unser ausführliches Verlagsverzeichnis!

Schreiben Sie uns oder rufen Sie an:

VERLAG WEINMANN

Beckerstraße 7 • 12157 Berlin • Tel. 030 / 855 48 95 • Fax 030 / 855 94 64